48 Ensaladas Altas en Proteínas para Fisiculturistas:

Gane Músculo y no Grasa sin Suero, Leche o Suplementos Proteicos Sintéticos

Por

Joseph Correa

Nutricionista Deportivo Certificado

DERECHOS DE AUTOR

© 2016 Correa Media Group

Todos los derechos reservados

La reproducción o traducción de cualquier parte de este trabajo más allá de lo permitido por las secciones 107 ó 108 del Acta de Derechos de Estados Unidos de 1976, sin el permiso del dueño de los derechos, es ilegal.

Esta publicación está diseñada para proveer información precisa y fidedigna respecto al tema cubierto. Es vendido con el entendimiento de que ni el autor ni el editor están dedicados a la prestación de ayuda médica. Si fuese necesaria una consulta médica, hágalo con un doctor. Este libro es considerado una guía y no debería ser usado en ninguna forma perjudicial para su salud. Consulte con un médico antes de comenzar con este plan nutricional para asegurarse que sea apropiado para usted.

RECONOCIMIENTOS

La realización y éxito de este libro no podrían haber sido posibles sin mi familia.

48 Ensaladas Altas en Proteínas para Fisicoculturistas:

Gane Músculo y no Grasa sin Suero, Leche o Suplementos Proteicos Sintéticos

Por

Joseph Correa

Nutricionista Deportivo Certificado

CONTENIDOS

Derechos de Autor

Agradecimientos

Acerca del Autor

Introducción

48 Ensaladas Altas en Proteínas para Fisicoculturistas

Otros Grandes Títulos por Este Autor

ACERCA DEL AUTOR

Como nutricionista deportivo certificado y atleta profesional, creo firmemente que una nutrición apropiada le ayudará a llegar a sus objetivos más rápido y eficazmente. My conocimiento y experiencia me han ayudado a vivir más sano a lo largo de los años, los cuales he compartido con familia y amigos. Cuanto más sepa sobre comer y beber sano, más rápido querrá cambiar su vida y sus hábitos alimenticios.

Ser exitoso en controlar su peso es importante, ya que mejorará todos los aspectos de su vida.

La nutrición es una parte clave en el proceso de obtención de un mejor cuerpo y es eso de lo que este libro se trata.

INTRODUCCIÓN

48 Ensaladas Altas en Proteínas para Fisicoculturistas le ayudará a incrementar la cantidad de proteína que consuma por día para ayudar a incrementar la masa muscular. Estas comidas ayudarán a incrementar el músculo de manera organizada, agregando grandes y sanas porciones de proteína a su dieta. Estar demasiado otazaado para comer bien puede, a veces, convertirse en un problema, y es por esto que este libro le ahorrará tiempo y ayudará a nutrir su cuerpo para alcanzar los objetivos que quiera. Asegúrese de saber qué está comiendo al cocinarlo usted mismo o teniendo a alguien que lo haga por usted.

Este libro le ayudará a:

-Aumentar la proteína magra.

-Ganar músculo rápido y naturalmente.

-Mejorar la retazaeración muscular.

-Comer comida deliciosa.

-Tener más energía.

-Acelerar naturalmente su metabolismo para crear más músculo.

-Mejorar su sistema digestivo.

Joseph Correa es un nutricionista deportivo certificado y un atleta profesional.

48 ENSALADAS ALTAS EN PROTEÍNAS PARA FISICOCULTURISTAS

1. Ensalada de Pollo

Ingredientes:

3 pechugas de pollo sin piel ni hueso

1 taza de lechuga picada

5 tomates cherry

2 cucharadas de crema baja en grasa

1 cucharada de aceite de oliva

1 cucharadita de perejil picado

1 cucharada de aceite de girasol

1 cucharadita de ají picante picado

1 cucharada de jugo de limón

Sal a gusto

Preparación:

Corte las pechugas de pollo en cubos pequeños. Mezcle el aceite de girasol, perejil picado, ají picante picado y jugo de limón para hacer una salsa escabeche. Ponga los cubos de pollo en una bandeja para hornear, espolvoree con el escabeche y cocine a 350°C por alrededor de 30 minutos. Saque del horno.

Mientras tanto, mezcle los tomates cherry con la lechuga picada y la crema baja en grasas. Agregue los cubos de pollo y condimente con sal y aceite de oliva.

Valores nutricionales para una taza:

Carbohidratos 12.9g

Azúcar 5.1g

Proteína 16.4 g

Grasas totales (Grasa monosaturada buena) 9.9g

Sodio 114.2 mg

Potasio 83.2mg

Calcio 42.4mg

Hierro 0.59mg

Vitaminas (vitamina A; B-6; B-12; C; D; D2; D3; K; Riboflavina; Niacina; Tiamina; K)

Calorías 81

2. Ensalada de Pimiento Rojo

Ingredientes:

1 taza de pimientos rojos cortados

4 huevos

1 cucharada de maíz

1 tomate pequeño

1 cucharada de aceite de oliva

1 cucharadita vinagre

Sal a gusto

Preparación:

Hierva los huevos por alrededor de 10 minutos. Remueva del agua y deje que se enfríen. Pélelos y córtelos en cubos pequeños. Mezcle con los otros ingredientes y condimente con aceite de oliva, vinagre y sal. Deje en la nevera por 20 minutos antes de servir.

Valores nutricionales para una taza:

Carbohidratos 13.1g

Azúcar 4.8g

Proteína 17.2 g

Grasas totales (Grasa monosaturada buena) 11.7g

Sodio 123.9 mg

Potasio 84mg

Calcio 42.2mg

Hierro 0.35mg

Vitaminas (vitamina A; B-6; B-12; C; D; D2; D3; K; Riboflavina; Niacina; Tiamina; K)

Calorías 79

3. Ensalada de Habas

Ingredientes:

1 taza de habas enlatadas

1 tomate mediano

1.5 taza de queso cottage

1 cucharadita de salsa de ajo

1 cucharada de aceite de linaza

Sal y pimienta a gusto

Preparación:

Remojar las habas en agua por 30 minutos. Remover y lavar. Cortar los tomates en piezas pequeñas y mezclar con los otros ingredientes. Sazonar con sal y pimienta. Servir frío.

Valores nutricionales para una taza:

Carbohidratos 13.1g

Azúcar 6.9g

Proteína 16.7 g

Grasas totales (Grasa monosaturada buena) 9.9g

Sodio 132.4 mg

Potasio 83.9mg

Calcio 43.1mg

Hierro 0.79mg

Vitaminas (vitamina A; B-6; B-12; C; D; D2; D3; K; Riboflavina; Niacina; Tiamina; K)

Calorías 78

4. Ensalada de Queso Cottage

Ingredientes:

2 tazas de queso cottage

2 cucharadas de crema baja en grasas

3 huevos hervidos

1 taza de lechuga cortada

1 taza de pepino cortado

1 cucharadita de menta

1 cucharada de aceite de almendra

Sal a gusto

Preparación:

Triturar el huevo y mezclarlo con el queso y la crema hasta que sea uniforme. Puede usar un mezclador eléctrico para ésto. Combine este mezcla con la lechuga y pepino cortados, sazone con aceite y sal. Espolvoree menta por arriba. Sirva frío.

Valores nutricionales para una taza:

Carbohidratos 16.4g

Azúcar 9.2g

Proteína 19.2 g

Grasas totales (Grasa monosaturada buena) 13.9g

Sodio 146mg

Potasio 79mg

Calcio 51.1mg

Hierro 0.67mg

Vitaminas (vitamina A; B-6; B-12; C; D; D2; D3; K; Riboflavina; Niacina; Tiamina; K)

Calorías 95

5. Ensalada de Chuletas de Cordero con Pimientos

Ingredientes:

3 Chuletas de cordero finas

2 pimientos verdes cortados

1 tomate mediano

½ taza de habas verdes enlatadas

1 cebolla pequeña

1 cucharada aceite vegetal

Sal y pimienta a gusto

Para el escabeche:

¼ taza de vinagre de vino tinto

¼ taza de jugo de limón

1 cucharadita de pimienta molida

2 cucharada de aceite vegetal

Preparación:

Mezcle los ingredientes del escabeche en un bowl pequeño. Remoje las chuletas de cordero en el escabeche y mantenga en la nevera por una hora. Saque de la nevera y freir en una sartén, a temperatura media, por alrededor de 15 minutos de cada lado. Puede agregar agua mientras fría (1/2 taza debería ser suficiente). Remueva de la sartén y corte en cubos pequeños.

Lave y corte el tomate en rodajas finas. Pele y corte la cebolla. Mezcle con los otros ingredientes, agregue las chuletas y sazone con aceite y sal.

Valores nutricionales para una taza:

Carbohidratos 15.1g

Azúcar 7.7g

Proteína 17.8 g

Grasas totales (Grasa monosaturada buena) 12.8g

Sodio 143.3 mg

Potasio 95.4mg

Calcio 49.6mg

Hierro 0.44mg

Vitaminas (vitamina A; B-6; B-12; C; D; D2; D3; K; Riboflavina; Niacina; Tiamina; K)

Calorías 99

6. Ensalada Picante de Judías Verdes

Ingredientes:

½ taza de habas verdes enlatadas

1 tomate grande

1 taza de radicheta cortada

2 tazas de atun enlatado, sin aceite

1 cucharada de salsa de tomate

1 cucharadita de ají molido

½ cucharadita de pimienta

½ cucharadita de salsa de tabasco

1 cucharada de aceite de oliva

Sal a gusto

Preparación:

Primero querrá preparar una salsa picante. Mezclar la salsa de tomate con el ají molido, pimienta y salsa de tabasco hasta formar una mezcla homogénea (puede agregar unas gotas de jugo de limón, pero es opcional). Lave y corte el tomate, y combínelo con los otros ingredientes y la salsa picante Sazone con aceite de oliva y sal.

Valores nutricionales para una taza:

Carbohidratos 15.9g

Azúcar 7.1g

Proteína 19.1 g

Grasas totales (Grasa monosaturada buena) 12.1g

Sodio 167.2 mg

Potasio 73mg

Calcio 46.9mg

Hierro 0.54mg

Vitaminas (vitamina A; B-6; B-12; C; D; D2; D3; K; Riboflavina; Niacina; Tiamina; K)

Calorías 87

7. Ensalada de huevos y cebolla

Ingredientes:

2 cebollas medianas

4 huevos hervidos

1 zanahoria rallada

1 taza de espinaca cortada

1 cucharada de jengibre fresco rallado

1 cucharada de jugo de limón

1 cucharada de aceite de oliva

1 cucharadita de cúrcuma molida

Sal a gusto

Preparación:

Pelar y cortar las cebollas. Salarlas y dejarlas reposar por 15-20 minutos. Lavar y estrujar, espolvorear jugo de limón sobre ellas y dejarlas. Mientras tanto, hierva los huevos por 10 minutos, remueva del fuego, pele y corte en cubos pequeños. Combine con la espinaca y la zanahoria y jengibre rallados. Agregue las cebollas y sazone con aceite de oliva, sal y cúrcuma. Sirva frío.

Valores nutricionales para una taza:

Carbohidratos 11.6g

Azúcar 6.1g

Proteína 18.2 g

Grasas totales (Grasa monosaturada buena) 8.7g

Sodio 167.9 mg

Potasio 88.1mg

Calcio 56.6mg

Hierro 0.88mg

Vitaminas (vitamina A; B-6; B-12; C; D; D2; D3; K; Riboflavina; Niacina; Tiamina; K)

Calorías 79

8. Ensalada Picante de Lechuga

Ingredientes:

1 taza de lechuga cortada

2 tazas de queso cottage

½ taza de maíz enlatado

2 chiles

1 cucharadita de ají molido

1 cucharada de jugo de limón

Sal a gusto

Preparación:

Combine la lechuga con el queso cottage y el maíz enlatado. Corte los chiles en piezas muy pequeñas y agréguelos a la mezcla. Mezcle el ají molido con el jugo de limón y viértalo cobre la mezcla. Sazone con sal a gusto. Sirva frío.

Valores nutricionales para una taza:

Carbohidratos 15.8g

Azúcar 8.9g

Proteína 16.3 g

Grasas totales (Grasa monosaturada buena) 11.9g

Sodio 185.3mg

Potasio 99.2mg

Calcio 48.9mg

Hierro 0.56mg

Vitaminas (vitamina A; B-6; B-12; C; D; D2; D3; K; Riboflavina; Niacina; Tiamina; K)

Calorías 89

9. Ensalada de Col Roja Rallada

Ingredientes:

1 taza de col roja rallada

½ taza de zanahoria rallada

½ taza de remolacha rallada

1 taza de tofu

3 cucharadas de almendras picadas

1 cucharada de extracto de almendras

1 cucharada de aceite de almendra

Sal a gusto

Preparación:

Mezclar los vegetales en un bowl grande. Agregue el tofu, las almendras picadas y el extracto de almendras. Sazone con el aceite de almendras y sal. Puede agregar jugo de limón o vinagre, pero es opcional.

Valores nutricionales para una taza:

Carbohidratos 13.9g

Azúcar 6.1g

Proteína 17.2 g

Grasas totales (Grasa monosaturada buena) 12.1g

Sodio 142.5 mg

Potasio 86.7mg

Calcio 46.9mg

Hierro 0.58mg

Vitaminas (vitamina A; B-6; B-12; C; D; D2; D3; K; Riboflavina; Niacina; Tiamina; K)

Calorías 93

10. Ensalada de Habas y Espinasca

Ingredientes:

1 taza de habas verdes enlatadas

1 taza de espinaca cortada

2 latas de atún, sin aceite

1 cucharada de aceite de oliva

1 cucharadita de vinagre de vino tinto

Sal a gusto

1 cucharada de cúrcuma molida

Preparación:

Combine las habas con la espinaca cortada y el atún. Sazone con aceite de oliva, vinagre y sal. Agregue un poco de cúrcuma antes de servir.

Valores nutricionales para una taza:

Carbohidratos 15.9g

Azúcar 7g

Proteína 19.9g

Grasas totales (Grasa monosaturada buena) 13.9g

Sodio 124.7 mg

Potasio 86.9mg

Calcio 46.7mg

Hierro 0.55mg

Vitaminas (vitamina A; B-6; B-12; C; D; D2; D3; K; Riboflavina; Niacina; Tiamina; K)

Calorías 81

11. Ensalada Delicia de Pollo

Ingredientes:

2 rebanadas delgadas de pechuga de pollo sin piel ni hueso

1 cebolla grande

1 pimiento rojo grande

½ taza de maíz enlatado

1 cucharada de crema baja en grasas

1 cucharada de curry

1 cucharadita de salsa de curry

1 cucharada de jugo de limón

Sal a gusto

2 cucharada de aceite para freir

Preparación:

Cortar las pechugas de pollo en cubos medianos. Mezcle el aceite, curry y la salsa de curry en una cacerola grande. Agregue los cubos de pollo y fría a temperatura baja por 25 minutos. Mezclar bien y agregar la crema baja en grasas y el jugo de limón. Remover del fuego y dejar enfriar. Mientras tanto, pelar y cortar la cebolla en rodajas finas. Combinarlas con el pimiento rojo cortado y el maíz enlatado. Agregue el pollo y mezcle bien. Sazone con sal a gusto.

Valores nutricionales para una taza:

Carbohidratos 10.2g

Azúcar 8.8g

Proteína 15.1 g

Grasas totales (Grasa monosaturada buena) 9.6g

Sodio 143.4 mg

Potasio 91mg

Calcio 65.5mg

Hierro 0.41mg

Vitaminas (vitamina A; B-6; B-12; C; D; D2; D3; K; Riboflavina; Niacina; Tiamina; K)

Calorías 87

12. Ensalada Ligera de Pavo

Ingredientes:

3 rebanadas delgadas de pechuga de pavo ahumada

1 taza de lechuga

1 tomate pequeño

1 cebolla pequeña

1 pimiento rojo

1 cucharada de jugo de limón

Sal a gusto

Preparación:

Corte los vegetales en piezas pequeñas. Combínelos con la pechuga de pavo y sazone con sal y jugo de limón.

Valores nutricionales para una taza:

Carbohidratos 13.3g

Azúcar 7.6g

Proteína 15.2 g

Grasas totales (Grasa monosaturada buena) 9.7g

Sodio 124mg

Potasio 89mg

Calcio 41.6mg

Hierro 0.39mg

Vitaminas (vitamina A; B-6; B-12; C; D; D2; D3; K; Riboflavina; Niacina; Tiamina; K)

Calorías 71

13. Ensalada de Huevos y Crema Blanca

Ingredientes:

4 huevos

2 tazas de queso cottage

½ taza de crema baja en grasas

1 tomate grande

1 cebolla grande

1 cucharada de avellanas picadas

1 cucharada de jugo de limón

Sal a gusto

Preparación:

Hierva los huevos por 10 minutos. Pele y corte en 8 partes iguales. Combine con el resto de los ingredientes y agregue el jugo de limón y sal. Mantenga en la nevera por 20 minutos antes de servir.

Valores nutricionales para una taza:

Carbohidratos 16.9g

Azúcar 8.1g

Proteína 17.9 g

Grasas totales (Grasa monosaturada buena) 9.9g

Sodio 132.8 mg

Potasio 91mg

Calcio 52.7mg

Hierro 0.71mg

Vitaminas (vitamina A; B-6; B-12; C; D; D2; D3; K; Riboflavina; Niacina; Tiamina; K)

Calorías 92

14. Ensalada de Tortilla Española

Ingredientes:

Para la tortilla:

3 huevos

2 tazas de pechuga de pollo sin piel, cortada

1 pimiento rojo

1 cucharadita de romero molido

Aceite para freir

¼ cucharadita de pimienta

Para la ensalada:

1 taza de lechuga cortada

½ taza de brócoli hervido

1 tomate mediano

¼ taza de aceitunas

1 cucharada de aceite de oliva

1 cucharada de jugo de limón

Sal

Preparación:

Primero querrá hacer la tortilla. Use una cacerola grande y agregue aceite. Fría el pollo a temperatura media por 15-20 minutos, hasta obtener un color dorado, revolviendo constantemente. Agregue el pimiento rojo cortado y mezcle bien. Mientras tanto, batir los huevos en un bowl y agregar el romero. Mezclar con el pollo y pimiento rojo en una cacerola y freir por unos minutos más. Remover del fuego y dejarlo enfriar 10 minutos.

Combinar la lechuga, el brócoli hervido y el tomate en un bowl grande. Agregue las aceitunas y la tortilla, mezcle bien y sazone con aceite de oliva y jugo de limón. Agregue sal a gusto.

Valores nutricionales para una taza:

Carbohidratos 20.5g

Azúcar 10.9g

Proteína 22.4 g

Grasas totales (Grasa monosaturada buena) 15.9g

Sodio 157.9mg

Potasio 112mg

Calcio 69.9mg

Hierro 0.61mg

Vitaminas (vitamina A; B-6; B-12; C; D; D2; D3; K; Riboflavina; Niacina; Tiamina; K)

Calorías 127

15. Ensalada de Rúcula

Ingredientes:

1 tomate grande

1 cebolla pequeña

1 cucharada de ajo molido

1 taza de rúcula cortada

1 taza de queso cottage

1 cucharada de jugo de limón

Sal y pimienta a gusto

Preparación:

Lave y corte los vegetales. Combine los ingredientes en un bowl grande y sazone con jugo de limón, sal y pimienta.

Puede agregar chile, curry, cúrcuma o jengibre, dependiendo de su gusto. Esto es opcional.

Valores nutricionales para una taza:

Carbohidratos 17.1g

Azúcar 11.2g

Proteína 23.9 g

Grasas totales (Grasa monosaturada buena) 16.5g

Sodio 127mg

Potasio 86mg

Calcio 46.9mg

Hierro 0.39mg

Vitaminas (vitamina A; B-6; B-12; C; D; D2; D3; K; Riboflavina; Niacina; Tiamina; K)

Calorías 90

16. Ensalada de manzana

Ingredientes:

1 manzana grande

1 taza de espinaca cortada

1.5 taza de crema baja en grasa

1 cucharada de jugo de manzana

½ taza de lentejas enlatadas

1 cucharadita de vinagre de manzana

Preparación:

Lave y pele la manzana. Córtela en rodajas finas. Use un bowl grande para combinar la manzana con los otros ingredientes. Sazone con vinagre de manzana y sirva frío.

Valores nutricionales para una taza:

Carbohidratos 19.7g

Azúcar 13.8g

Proteína 21.2 g

Grasas totales (Grasa monosaturada buena) 13.9g

Sodio 120.7 mg

Potasio 80.9mg

Calcio 49.3mg

Hierro 0.33mg

Vitaminas (vitamina A; B-6; B-12; C; D; D2; D3; K; Riboflavina; Niacina; Tiamina; K)

Calorías 79

17. Ensalada mediterránea

Ingredientes:

3 filetes de caballa, sin hueso

Aceite para freir

Sal

1 cucharadita de romero molido

1 taza de tomates cherry

¼ taza de aceituna

1 cucharadita de ajo molido

1 cucharadita de albahaca molida

2 cucharada de jugo de limón

Sal a gusto

Preparación:

Espolvorear los filetes de caballa con romero y freir en una sartén a 350°C por 10 minutos de cada lado, o hasta que se doren bien. Use papel de cocina para remover el exceso de aceite. Deje enfriar por 15 minutos y corte en cubos.

Mezclar el pescado con los otros ingredientes en un bowl grande. Agregue el ajo, albahaca y jugo de limón. Sazone con sal a gusto y sirva caliente.

Valores nutricionales para una taza:

Carbohidratos 21.9g

Azúcar 14.5g

Proteína 24.9g

Grasas totales (Grasa monosaturada buena) 17.8g

Sodio 135.9 mg

Potasio 75.9mg

Calcio 47.9mg

Hierro 0.82mg

Vitaminas (vitamina A; B-6; B-12; C; D; D2; D3; K; Riboflavina; Niacina; Tiamina; K)

Calorías 120

18. Ensalada de atún y aceitunas

Ingredientes:

2 tazas de atún enlatado, sin aceite

1 taza de lechuga cortada

1 cebolla pequeña

½ taza de aceitunas

¼ taza de pimiento rojo cortado

1 cucharada de aceite de oliva

Sal

1 cucharada de jugo de limón

Preparación:

Pelar y cortar la cebolla en partes pequeñas. Combinarla con el atún enlatado y la lechuga cortada. Mezclar bien. Agregar las aceitunas y el pimiento rojo cortado. Sazonar con aceite de oliva, sal y jugo de limón. Mantenga en la nevera por 20-30 minutos.

Valores nutricionales para una taza:

Carbohidratos 21.8g

Azúcar 13.5g

Proteína 24.1 g

Grasas totales (Grasa monosaturada buena) 11.9g

Sodio 129.5 mg

Potasio 72.8mg

Calcio 44.9mg

Hierro 0.41mg

Vitaminas (vitamina A; B-6; B-12; C; D; D2; D3; K; Riboflavina; Niacina; Tiamina; K)

Calorías 118

19. Ensalada de Zanahoria

Ingredientes:

1 zanahoria grande rallada

2 tazas de yogurt griego

½ taza de lentejas enlatadas

1 taza de lechuga cortada

1 cucharada de aceite de oliva

1 cucharadita de vinagre de manzana

Sal a gusto

Preparación:

Mezclar la zanahoria, yogurt griego y lentejas en un bowl. Dejar esta mezcla en la nevera por al menos 1 hora. Remueva de la nevera y agregue la lechuga cortada, aceite de oliva y vinagre de manzana. Mezcle bien y sirva. Sal a gusto.

Valores nutricionales para una taza:

Carbohidratos 19.4g

Azúcar 17.8g

Proteína 22.1 g

Grasas totales (Grasa monosaturada buena) 18.9g

Sodio 131.9 mg

Potasio 89.6mg

Calcio 44.8mg

Hierro 0.41mg

Vitaminas (vitamina A; B-6; B-12; C; D; D2; D3; K; Riboflavina; Niacina; Tiamina; K)

Calorías 82

20. Ensalada de Pollo con Nueces

Ingredientes:

3 rebanadas gruesas de pechuga de pollo, sin piel ni hueso

1 taza de espinaca

1 tomate pequeño

1 taza de nueces picadas

1 cucharada de aceite de almendra

Sal a gusto

Preparación:

Para esta ensalada querrá cocinar el pollo. Use una cacerola grande y cocine las pechugas por, al menos, 30 minutos a 350°C. Quizás quiera probarlo antes de servirlo. Use un tenedor para chequear que la carne esté lo suficientemente blanda.

Remueva el pollo de la cacerola y corte en cubos medianos. Lave y corte los vegetales, agregue las nueces, pechugas y mezcle bien. Sazone con aceite de almendra, sal y nueces picadas.

Valores nutricionales para una taza:

Carbohidratos 25g

Azúcar 11.4g

Proteína 28.9 g

Grasas totales (Grasa monosaturada buena) 19.9g

Sodio 136.5 mg

Potasio 93.8mg

Calcio 51.9mg

Hierro 0.39mg

Vitaminas (vitamina A; B-6; B-12; C; D; D2; D3; K; Riboflavina; Niacina; Tiamina; K)

Calorías 159

21. Ensalada de almendras y huevos

Ingredientes:

4 huevos hervidos

½ taza de almendras ralladas

1 pepino grande, cortado en cubos pequeños

1 taza de tomates cherry

1 taza de yogurt griego

1 cucharada de jugo de limón

1 cucharada de aceite de linaza

Sal a gusto

Preparación:

Triturar los huevos en un bowl grande, con un tenedor. Verter el yogurt griego y mezclar bien. Agregar el pepino y los tomates cherry, y dejar en la nevera por lo menos por 30 minutos. Remover de la nevera, agregar las almendras ralladas y sazonar con jugo de limón, aceite de linaza y sal.

Valores nutricionales para una taza:

Carbohidratos 17.7g

Azúcar 10.3g

Proteína 26.8g

Grasas totales (Grasa monosaturada buena) 15.2g

Sodio 156.9mg

Potasio 92.8mg

Calcio 55.7mg

Hierro 0.79mg

Vitaminas (vitamina A; B-6; B-12; C; D; D2; D3; K; Riboflavina; Niacina; Tiamina; K)

Calorías 135

22. Ensalada de limón

Ingredientes:

1 taza de lechuga cortada

1 taza de queso cottage

¼ taza de jugo de limón

1 cucharadita de ajo molido

Sal a gusto

Preparación:

Combinar los ingredientes en un bowl grande. Dejar en la nevera por lo menos por 30 minutos. Puede agregar pimienta, pero es opcional.

Valores nutricionales para una taza:

Carbohidratos 8.2g

Azúcar 5.9g

Proteína 10.1 g

Grasas totales (Grasa monosaturada buena) 7.6g

Sodio 131mg

Potasio 85mg

Calcio 45mg

Hierro 0.34mg

Vitaminas (vitamina A; B-6; B-12; C; D; D2; D3; K; Riboflavina; Niacina; Tiamina; K)

Calorías 50

23. Ensalada de espinaca

Ingredientes:

1 taza de espinaca fresca

1taza de nueces ralladas

¼ taza de maíz dulce enlatado

¼ taza de frijoles cocidos

1 cucharadita de aceite de girasol

Sal a gusto

Preparación:

Combinar los ingredientes en un bowl grande, y dejar en la nevera por lo menos por 30 minutos. Sirva frío.

Valores nutricionales para una taza:

Carbohidratos 23g

Azúcar 14.9g

Proteína 26.1 g

Grasas totales (Grasa monosaturada buena) 11.6g

Sodio 167.9 mg

Potasio 92.8mg

Calcio 47.9mg

Hierro 0.57mg

Vitaminas (vitamina A; B-6; B-12; C; D; D2; D3; K; Riboflavina; Niacina; Tiamina; K)

Calorías 111

24. Ensalada de vegetales mixtos

Ingredientes:

1 tomate mediano

1 cebolla mediana

1 taza de lechuga cortada

1 taza de espinaca cortada

½ taza de rúcula cortada

1 pimiento rojo pequeño

½ taza de repollo rallado

1 taza de queso cottage

2 cucharada de aceite de girasol

1 cucharada de vinagre de manzana

Sal a gusto

Preparación:

Esta receta es muy fácil de preparar y lleva 10 minutos. Todo lo que hará es combinar los vegetales en un bowl grande y mezclar bien. Sazonar con aceite y vinagre. Sal a gusto.

Valores nutricionales para una taza:

Carbohidratos 11.2g

Azúcar 8.7g

Proteína 10.8 g

Grasas totales (Grasa monosaturada buena) 6.8g

Sodio 156.3 mg

Potasio 91mg

Calcio 65.5mg

Hierro 0.71mg

Vitaminas (vitamina A; B-6; B-12; C; D; D2; D3; K; Riboflavina; Niacina; Tiamina; K)

Calorías 50

25. Ensalada de menta y atún

Ingredientes:

2 tazas de atún enlatado

2 tomate medianos

1 cebolla pequeña

1 cucharada de menta seca

1 cucharada de aceite de oliva

1 cucharada de jugo de limón

Sal a gusto

Preparación:

Pelar y cortar la cebolla y tomate en rodajas finas. Mezclar con el atún y la menta seca. Sazonar con aceite de oliva, jugo de limón y sal. Dejar en la nevera por 20-30 minutos.

Valores nutricionales para una taza:

Carbohidratos 17.5g

Azúcar 10.1g

Proteína 27.4 g

Grasas totales (Grasa monosaturada buena) 15.8g

Sodio 126.1 mg

Potasio 89mg

Calcio 44.1mg

Hierro 0.39mg

Vitaminas (vitamina A; B-6; B-12; C; D; D2; D3; K; Riboflavina; Niacina; Tiamina; K)

Calorías 99

26. Ensalada de Quinoa

Ingredientes:

1/3 taza de quinoa

1 taza de rábano cortado

½ taza de repollo rallado

½ taza de queso feta

Aceite de oliva

Sal a gusto

Preparación:

Primero querrá cocinar la quinoa. Para una taza de quinoa, necesita 2 tazas de agua. Lleva alrededor de 20 minutos, a baja temperatura. Remover del fuego y colar. Dejar enfriar.

Mezclar la quinoa con el rábano y el repollo. Agregar el queso feta, aceite de oliva y un poco de sal.

Valores nutricionales para una taza:

Carbohidratos 14.5g

Azúcar 10.9g

Proteína 13.2 g

Grasas totales (Grasa monosaturada buena) 11.6g

Sodio 131.8 mg

Potasio 89mg

Calcio 49.4mg

Hierro 0.57mg

Vitaminas (vitamina A; B-6; B-12; C; D; D2; D3; K; Riboflavina; Niacina; Tiamina; K)

Calorías 69

27. Ensalada de batata y queso

Ingredientes:

1 batata mediana

1 cebolla grande

1 taza de queso cottage

1 cucharada de aceite de almendra

Sal

1 cucharada de perejil cortado

Preparación:

Pelar y cortar la batata en rodajas finas. Agregar a agua hirviendo y cocinar hasta ablandar. Remover del fuego, colar y dejar enfriar.

Pelar y cortar la cebolla en piezas pequeñas. Salarla y dejarla por 10-15 minutos. Lavar y mezclar con el queso cottage y las rodajas de batata. Sazonar con aceite de almendra, sal y perejil.

Valores nutricionales para una taza:

Carbohidratos 18.1g

Azúcar 13.3g

Proteína 21g

Grasas totales (Grasa monosaturada buena) 14.9g

Sodio 139.7 mg

Potasio 84.3mg

Calcio 49.1mg

Hierro 0.41mg

Vitaminas (vitamina A; B-6; B-12; C; D; D2; D3; K; Riboflavina; Niacina; Tiamina; K)

Calorías 103

28. Ensalada de brócoli grillado

Ingredientes:

1 taza de brócoli fresco

Aceite para freir

1 cucharadita de salsa de pimienta verde

1 taza de yogurt griego

1 cucharadita de extracto de ajo

1 cucharada de albahaca

Sal a gusto

Preparación:

Para esta receta necesitará una sartén grill. Espolvorear aceite y freir el brócoli por 20 minutos. Mezclar bien. Querrá obtener un color marrón oro del brócoli. Después de 20 minutos, agregue una cucharada de salsa de pimienta verde, mezcle bien y remueva del fuego.

Combinar el brócoli grillado con los otros ingredientes y agregue sal. Dejar en la nevera por al menos 30 minutos antes de servir.

Valores nutricionales para una taza:

Carbohidratos 10.1g

Azúcar 6.8g

Proteína 12.1 g

Grasas totales (Grasa monosaturada buena) 8.5g

Sodio 124.1 mg

Potasio 85.2mg

Calcio 45.6mg

Hierro 0.35mg

Vitaminas (vitamina A; B-6; B-12; C; D; D2; D3; K; Riboflavina; Niacina; Tiamina; K)

Calorías 50

29. Ensalada de queso cottage con aderezo de lima

Ingredientes:

2 tazas de queso cottage

1 pepino grande

½ taza de nueces molidas

¼ taza de jugo de lima

¼ taza de crema baja en grasas

1 cucharadita de extracto de lima

1 cucharada de aceite de oliva

¼ cucharadita de pimienta

Preparación:

Primero querrá hacer un aderezo de lima. Mezclar el jugo de lima con la crema baja en grasas, extracto de lima y aceite de oliva. Agregar pimienta (dependiendo de su gusto). Mezclar bien y dejar en la nevera por 30 minutos. Pelar y cortar el pepino en cubos pequeños, y combinar con las nueces molidas y el queso cottage. Viera el aderezo de lima sobre su ensalada y sirva frío.

Valores nutricionales para una taza:

Carbohidratos 29g

Azúcar 17.5g

Proteína 32.1 g

Grasas totales (Grasa monosaturada buena) 21.3g

Sodio 145.4 mg

Potasio 87.3mg

Calcio 43.9mg

Hierro 0.42mg

Vitaminas (vitamina A; B-6; B-12; C; D; D2; D3; K; Riboflavina; Niacina; Tiamina; K)

Calorías 131

30. Ensalada de lentejas

Ingredientes:

1 taza de lentejas enlatadas

1 berenjena pequeña

¼ taza de crema baja en grasas

¼ taza de jugo de limón

2 cucharada de aceite de oliva

1 cucharada de perejil

1 tomate grande

1 cebolla pequeña

Preparación:

Pelar y lavar la berenjena. Cortar en rebanadas pequeñas y combinar con la crema baja en grasas, jugo de limón y aceite de oliva. Usar una mezcladora eléctrica o licuadora para obtener un mousse suave. Dejar enfriar en la nevera por 30 minutos. Mientras tanto, cortar los vegetales en rodajas finas. Mezclar con las lentejas y el mousse de berenjena. Espolvorear con perejil y servir.

Valores nutricionales para una taza:

Carbohidratos 15.2g

Azúcar 9.9g

Proteína 15.2 g

Grasas totales (Grasa monosaturada buena) 10.6g

Sodio 133.8 mg

Potasio 91mg

Calcio 49.1mg

Hierro 0.52mg

Vitaminas (vitamina A; B-6; B-12; C; D; D2; D3; K; Riboflavina; Niacina; Tiamina; K)

Calorías 77

31. Ensalada de Seitán y curry

Ingredientes:

1 taza de seitán blanco cortado

1 taza de lechuga cortada

2 pimientos verdes

1 cucharada de salsa de curry

1 cucharadita de curry molido

1 cucharada de aceite de oliva

Sal

Preparación:

Esta es otra rápida receta de ensalada proteica. Combinar la lechuga con el seitán blanco y los pimientos cortados. Agregar la salsa de curry, curry molido, sal y mezclar bien. Dejar en la nevera por una hora antes de servir.

Valores nutricionales para una taza:

Carbohidratos 12.2g

Azúcar 5.9g

Proteína 15.1 g

Grasas totales (Grasa monosaturada buena) 10.6g

Sodio 141.8 mg

Potasio 89mg

Calcio 44.5mg

Hierro 0.51mg

Vitaminas (vitamina A; B-6; B-12; C; D; D2; D3; K; Riboflavina; Niacina; Tiamina; K)

Calorías 60

32. Ensalada de hongos

Ingredientes:

½ taza de arroz marrón

2 tazas de hongos inferiores frescos

1 cucharada de aceite

1 tomate grande

¼ taza de perejil fresco

¼ taza de jugo de lima

Sal

Pimienta

Preparación:

Primero necesita cocinar el arroz. Lavarlo, aclararlo y ponerlo en una cacerola con una taza de agua. Mezclar bien y llevar a punto de hervor. Cubrir la cacerola y cocinar por 15 minutos a baja temperatura. Remover del fuego y dejar enfriar.

Ahora preparará los hongos. Lavarlos y cortarlos en partes iguales. Calentar una sartén freidora a baja temperatura y agregar el aceite. Agregar los hongos y mezclar bien. Freir a baja temperatura hasta que todos los hongos estén blandos, o hasta que el agua se evapore. Remover de la freidora. Agregar sal y mezclar con el arroz.

Cortar el tomate en cubos pequeños y combinar todos los ingredientes con el arroz y los hongos. Sazonar con sal, pimienta y jugo de lima. Servir caliente.

Valores nutricionales para una taza:

Carbohidratos 18.6g

Azúcar 11.3g

Proteína 21.9g

Grasas totales (Grasa monosaturada buena) 14.2g

Sodio 153.3 mg

Potasio 89.8mg

Calcio 49.9mg

Hierro 0.42mg

Vitaminas (vitamina A; B-6; B-12; C; D; D2; D3; K; Riboflavina; Niacina; Tiamina; K)

Calorías 79

33. Ensalada de Pepino y yogurt

Ingredientes:

1 pepino grande

1 cucharadita de ajo molido

1 taza de yogurt bajo en grasas

1 cucharada de queso cottage

Preparación:

Pelar y cortar el pepino en rodajas finas. Mezclar con el yogurt, queso y ajo. Dejar en la nevera por 30 minutos antes de servir. Puede agregar sal, pero es opcional.

Valores nutricionales para una taza:

Carbohidratos 10.2g

Azúcar 7.9g

Proteína 11.2 g

Grasas totales (Grasa monosaturada buena) 8.6g

Sodio 120.9 mg

Potasio 81mg

Calcio 44.5mg

Hierro 0.51mg

Vitaminas (vitamina A; B-6; B-12; C; D; D2; D3; K; Riboflavina; Niacina; Tiamina; K)

Calorías 52

34. Ensalada Primavera

Ingredientes:

1 taza de espinaca cortada

½ taza de repollo rallado

¼ taza de maíz enlatado

1 taza de yogurt bajo en grasas

1 cucharada de jugo de lima

Preparación:

Combinar el yogurt bajo en grasas con el jugo de lima, mezclar bien y dejar en la nevera por 30 minutos.

Use un bowl grande para mezclar la espinaca, el repollo rallado y el maíz con el aderezo de lima. Servir frío.

Valores nutricionales para una taza:

Carbohidratos 16.2g

Azúcar 9.4g

Proteína 19.1 g

Grasas totales (Grasa monosaturada buena) 13.9g

Sodio 144.5 mg

Potasio 86mg

Calcio 45.9mg

Hierro 0.36mg

Vitaminas (vitamina A; B-6; B-12; C; D; D2; D3; K; Riboflavina; Niacina; Tiamina; K)

Calorías 79

35. Ensalada de yogurt griego

Ingredientes:

3 cucharadas de yogurt griego

1 cucharada de queso parmesano

1 cucharadita de mostaza

1 cucharadita ajo

1 taza de habas verdes enlatadas

1 taza de lechuga cortada

1 cucharada de aceite de oliva

Sal

Preparación:

Use una mezcladora eléctrica por unos minutos para mezclar el yogurt griego con el queso parmesano, ajo y mostaza. Querrá obtener una mezcla suave. Dejar enfriar en la nevera por 30 minutos. Mientras tanto, combinar las habas verdes con la lechuga y el aceite de oliva. Mezclar con el aderezo de yogurt griego y agregar sal. Servir frío.

Valores nutricionales para una taza:

Carbohidratos 11.7g

Azúcar 8.9g

Proteína 10.2 g

Grasas totales (Grasa monosaturada buena) 11.6g

Sodio 133.2 mg

Potasio 84mg

Calcio 42.6mg

Hierro 0.32mg

Vitaminas (vitamina A; B-6; B-12; C; D; D2; D3; K; Riboflavina; Niacina; Tiamina; K)

Calorías 55

36. Ensalada de garbanzos

Ingredientes:

1 taza de garbanzos enlatados

1 tomate pequeño

1 cebolla pelada pequeña

1 chile recién molido

1 cucharada de aceite de oliva extra virgen

1/4 cucharadita de sal marina

1 cucharadita de mostaza

Preparación:

Rebanar finamente la cebolla y el tomate, y mezclarlos con el chile molido y los garbanzos. Poner los vegetales en un bowl grande y aderezar con aceite de oliva extra virgen, sal marina y mostaza.

Valores nutricionales para una taza:

Carbohidratos 12.1g

Azúcar 6.9g

Proteína 11.2 g

Grasas totales (Grasa monosaturada buena) 11.8g

Sodio 123.4 mg

Potasio 86mg

Calcio 45.7mg

Hierro 0.37mg

Vitaminas (vitamina A; B-6; B-12; C; D; D2; D3; K; Riboflavina; Niacina; Tiamina; K)

Calorías 69

37. Ensalada de lechuga y queso feta

Ingredientes:

1 taza de lechuga cortada

½ taza de queso feta

½ taza frijoles rojos enlatados

1 cebolla pequeña, pelada

1 zanahoria pequeña rallada

1 cucharada de aceite de oliva

½ cucharadita de sal marina

1 cucharada de jugo de limón

Preparación:

Cortar la cebolla en rodajas finas. Saltearla y dejarla reposar 5-10 minutos.

Mientras tanto, mezclar la lechuga con el queso feta y la zanahoria rallada.

Lavar los frijoles y cocinarlos por al menos 10 minutos, revolviendo ocasionalmente. Remover del fuego y colar.

Mezclar los vegetales en un bowl grande, agregar los frijoles y aderezar con aceite de oliva y jugo de limón.

Valores nutricionales para una taza:

Carbohidratos 15.9g

Azúcar 8.9g

Proteína 15.2 g

Grasas totales (Grasa monosaturada buena) 10.6g

Sodio 151.2 mg

Potasio 91mg

Calcio 48.5mg

Hierro 0.49mg

Vitaminas (vitamina A; B-6; B-12; C; D; D2; D3; K; Riboflavina; Niacina; Tiamina; K)

Calorías 70

38. Ensalada de almendras

Ingredientes:

1 tomate grande

½ taza de guisantes verdes, enlatados o hervidos

¼ taza de almendras molidas

1 cucharadita de mostaza

1 cucharada de aceite de oliva

1 cucharadita de vinagre de manzana

Sal a gusto

1 taza de yogurt bajo en grasas

Preparación:

Primero, cortar el tomate y ponerlo en un bowl grande. Agregar los guisantes y mezclar bien. En otro bowl, combinar el yogurt bajo en grasas con el vinagre de manzana, aceite de oliva y mostaza. Mezclar bien con una mezcladora eléctrica. Agregar las almendras molidas y vertir sobre los tomates y guisantes. Sal a gusto.

Valores nutricionales para una taza:

Carbohidratos 14.9g

Azúcar 9.8g

Proteína 14.2 g

Grasas totales (Grasa monosaturada buena) 11.6g

Sodio 163.8 mg

Potasio 89mg

Calcio 42.5mg

Hierro 0.34mg

Vitaminas (vitamina A; B-6; B-12; C; D; D2; D3; K; Riboflavina; Niacina; Tiamina; K)

Calorías 71

39. Ensalada de habas y espinaca

Ingredientes:

1 taza de espinaca cortada

½ taza de habas verdes enlatadas

2 tazas de atún sin aceite

1 cucharadita de jugo de lima

Sal

Preparación:

Combinar las habas con la espinaca y el atún en un bowl. Mezclar bien y sazonar con el jugo de lima y sal a gusto. Es una receta simple pero extremadamente sabrosa y llena de proteínas buenas.

Valores nutricionales para una taza:

Carbohidratos 24.9g

Azúcar 17g

Proteína 31.9g

Grasas totales (Grasa monosaturada buena) 15.4g

Sodio 125mg

Potasio 73.5mg

Calcio 48.2mg

Hierro 0.37mg

Vitaminas (vitamina A; B-6; B-12; C; D; D2; D3; K; Riboflavina; Niacina; Tiamina; K)

Calorías 108

40. Ensalada de Zanahoria al curry

Ingredientes:

1 taza de zanahoria fresca rallada

¼ taza de cebolla en cubos

¼ taza de semillas de girasol

1 cucharadita de polvo de curry

1 cucharada de crema baja en grasas

1 cucharadita de vinagre de manzana

½ cucharadita de sal marina

Preparación:

En un bowl grande, combinar la zanahoria rallada con la cebolla en cubos y las semillas de girasol. Mezclar bien y dejar a un lado. Batir el polvo de curry, la crema baja en grasas y el vinagre de manzana. Verter el aderezo de curry sobre la ensalada y agregar sal. Dejar en la nevera durante la noche.

Valores nutricionales para una taza:

Carbohidratos 14.2g

Azúcar 8.9g

Proteína 10g

Grasas totales (Grasa monosaturada buena) 9.6g

Sodio 122.2 mg

Potasio 81mg

Calcio 45.5mg

Hierro 0.37mg

Vitaminas (vitamina A; B-6; B-12; C; D; D2; D3; K; Riboflavina; Niacina; Tiamina; K)

Calorías 55

41. Ensalada de pollo con aderezo de Ajo

Ingredientes:

3 pechugas de pollo gruesas, sin piel

3 tazas de agua

1 tomate mediano

1 pimiento verde grande

1 cucharadita de ajo molido

1 cucharadita de vinagre de manzana

1 cucharadita de mostaza

3 cucharada de yogurt griego

1 cucharadita de aceite de oliva

½ cucharadita de sal marina

Preparación:

Ponga las pechugas de pollo en una cacerola profunda. Agregar agua y cocinar a media/alta temperatura por 30 minutos. Dejar a un lado para que enfríe.

En un bowl grande, corte el tomate y agregue sal. Corte finamente el pimiento verde y mezcle bien. Ahora corte la pechuga de pollo en cubos pequeños y combine con los vegetales.

Usar una mezcladora eléctrica para hacer el aderezo de ajo. Mezclar el ajo molido, vinagre de manzana, mostaza, yogurt griego y aceite de oliva. Verter el aderezo sobre su ensalada. Dejar en la nevera por 30 minutos antes de servir.

Valores nutricionales para una taza:

Carbohidratos 31g

Azúcar 19.1g

Proteína 36.6g

Grasas totales (Grasa monosaturada buena) 17.5g

Sodio 131.5mg

Potasio 84mg

Calcio 47.4mg

Hierro 0.37mg

Vitaminas (vitamina A; B-6; B-12; C; D; D2; D3; K; Riboflavina; Niacina; Tiamina; K)

Calorías 142

42. Ensalada de alubias blancas y frijoles negros

Ingredientes:

½ taza de frijoles negros enlatados

½ taza de alubias blancas enlatadas

1 cebolla pequeña

1 chile

1 cucharada de aceite de oliva

1 cucharadita de jugo de limón

½ cucharadita de sal marina

Preparación:

Cortar finamente la cebolla y el chile. Mezclar con los frijoles y alubias en un bowl grande, y sazone con aceite de oliva, jugo de limón y sal. Servir frío.

Valores nutricionales para una taza:

Carbohidratos 15.2g

Azúcar 5.9g

Proteína 14.4 g

Grasas totales (Grasa monosaturada buena) 8.6g

Sodio 128 mg

Potasio 83mg

Calcio 41.5mg

Hierro 0.33mg

Vitaminas (vitamina A; B-6; B-12; C; D; D2; D3; K; Riboflavina; Niacina; Tiamina; K)

Calorías 59

43. Ensalada griega

Ingredientes:

2 tazas de yogurt griego

1 taza de lechuga cortada finamente

½ taza de espinaca cortada finamente

½ taza de tomates cherry

1 cucharadita de albahaca molida

1 cucharadita de vinagre de manzana

1 cucharada de aceite de oliva

½ cucharadita de sal marina

Preparación:

Usar una mezcladora eléctrica para mezclar el yogurt griego con el vinagre de manzana, albahaca y aceite de oliva. Agregar sal a gusto. Dejar el aderezo en la nevera por 30 minutos.

Mientras tanto, combinar los vegetales en un bowl grande y verter el aderezo sobre ellos.

Valores nutricionales para una taza:

Carbohidratos 25.8g

Azúcar 14.4g

Proteína 29.2 g

Grasas totales (Grasa monosaturada buena) 18.1g

Sodio 129.3 mg

Potasio 87mg

Calcio 47.3mg

Hierro 0.42mg

Vitaminas (vitamina A; B-6; B-12; C; D; D2; D3; K; Riboflavina; Niacina; Tiamina; K)

Calorías 89

44. Ensalada de pavo y albahaca

Ingredientes:

3 rebanadas gruesas de pechuga de pavo, sin huesos

Aceite para freir

1 cebolla pequeña

2 cucharada de apio cortado finamente

4 cucharada de crema baja en grasas

1 cucharadita de vinagre de manzanas

¼ cucharadita de chile molido

½ cucharadita de sal

Preparación:

Usar una freidora para precalentar el aceite a 400°C. Lavar el pavo y secar usando papel cocina. Cortar en tiras delgadas y lentamente poner en la freidora. Freir por 15 minutos, revolviendo constantemente. Remover del fuego y dejar enfriar.

Pelar y cortar finamente la cebolla. En un bowl grande, combinar las tiras de pavo, cebolla y apio cortado.

Sazonar con crema baja en grasas, vinagre de manzana, chile molido y sal. Mezclar bien y servir.

Valores nutricionales para una taza:

Carbohidratos 28.4g

Azúcar 17g

Proteína 35.5g

Grasas totales (Grasa monosaturada buena) 19.4g

Sodio 155.1mg

Potasio 91mg

Calcio 54.4mg

Hierro 0.43mg

Vitaminas (vitamina A; B-6; B-12; C; D; D2; D3; K; Riboflavina; Niacina; Tiamina; K)

Calorías 148

45. Ensalada de tomate seco

Ingredientes:

1 taza de tomate seco cortado

½ taza de lechuga

1 huevo hervido

½ taza de maíz

1 cucharada de aceite de oliva

1 cucharadita de jugo de lima

½ cucharadita de sal

Preparación:

Pelar y cortar el huevo en rodajas finas. En un bowl largo, combinarlo con el tomate seco, lechuga y maíz. Sazonar con aceite de oliva, jugo de lima y sal. Mezclar bien.

Valores nutricionales para una taza:

Carbohidratos 14.1g

Azúcar 9.9g

Proteína 15.2 g

Grasas totales (Grasa monosaturada buena) 11.6g

Sodio 132.2 mg

Potasio 81mg

Calcio 49.1mg

Hierro 0.41mg

Vitaminas (vitamina A; B-6; B-12; C; D; D2; D3; K; Riboflavina; Niacina; Tiamina; K)

Calorías 60

46. Ensalada de amaranto y mango

Ingredientes:

1/3 taza de amaranto

1 taza de agua

½ taza de mango cortado

1 taza de tomates cherry

1 cucharadita de romero seco cortado

1 cucharadita de aceite de coco

Preparación:

Lleve el agua a punto de hervor, en una cacerola grande. Baje el fuego y agregue el amaranto. Cocine por 20-25 minutos, revolviendo constantemente, hasta que absorva toda el agua. Remueva del fuego y cuele.

Cortar los tomates cherry a la mitad. Combinar con el mango y el amaranto, y mezclar bien. Sazonar con el romero y aceite de coco.

Valores nutricionales para una taza:

Carbohidratos 15.5g

Azúcar 10.9g

Proteína 15.2 g

Grasas totales (Grasa monosaturada buena) 10.6g

Sodio 142.2 mg

Potasio 91mg

Calcio 51.5mg

Hierro 0.41mg

Vitaminas (vitamina A; B-6; B-12; C; D; D2; D3; K; Riboflavina; Niacina; Tiamina; K)

Calorías 71

47. Ensalada de brócoli y queso cottage

Ingredientes:

1 taza de brócoli fresco

1 taza de queso cottage

1 taza de espinaca cortada finamente

1 taza de yogurt bajo en grasas

1 papa mediana cocida

1 cucharadita de romero seco

Sal a gusto

Pimienta

Preparación:

Mezclar el brócoli, queso cottage, espinaca y yogurt bajo en grasas en una licuadora por 2-3 minutos. Dejar enfriar en la nevera por 15-20 minutos.

Mientras tanto, cortar la papa en rodajas finas. Cortar finamente la cebolla y ponerla sobre las papas. Verter la mezcla de brócoli y sazonar con romero, sal y pimienta

Valores nutricionales para una taza:

Carbohidratos 15.1g

Azúcar 8.9g

Proteína 14.2 g

Grasas totales (Grasa monosaturada buena) 11.6g

Sodio 123.4 mg

Potasio 81mg

Calcio 43.5mg

Hierro 0.34mg

Vitaminas (vitamina A; B-6; B-12; C; D; D2; D3; K; Riboflavina; Niacina; Tiamina; K)

Calorías 67

48. Ensalada de aguacate

Ingredientes:

1 taza de aguacate cortado

1 taza de queso cottage

1 taza de crema baja en grasas

1 taza de tomates cherry

1 cucharada de aceite de oliva

½ cucharadita de sal marina

Preparación:

Mezclar los ingredientes en un bowl grande. Sazonar con aceite de oliva y sal marina. Dejar enfriar en la nevera por 30 minutos antes de servir.

Valores nutricionales para una taza:

Carbohidratos 10.2g

Azúcar 7.9g

Proteína 12.2 g

Grasas totales (Grasa monosaturada buena) 7.4g

Sodio 123.8 mg

Potasio 85mg

Calcio 45.1mg

Hierro 0.33mg

Vitaminas (vitamina A; B-6; B-12; C; D; D2; D3; K; Riboflavina; Niacina; Tiamina; K)

Calorías 53

Otros grandes títulos de este autor

www.ingramcontent.com/pod-product-compliance
Lightning Source LLC
Chambersburg PA
CBHW071744080526
44588CB00013B/2146